BEI GRIN MACHT SICH IHR WISSEN BEZAHLT

Trainingsplanung im Krafttraining. Individuelle Planung für fortgeschrittene Anfänger mit 6–12 Monaten Erfahrung

Bibliografische Information der Deutschen Nationalbibliothek:

Die Deutsche Nationalbibliothek verzeichnet diese Publikation in der Deutschen Nationalbibliografie; detaillierte bibliografische Daten sind im Internet über http://dnb.d-nb.de abrufbar.

ISBN: 9783389091395
Dieses Buch ist auch als E-Book erhältlich.

Druck und Bindung: Books on Demand GmbH, Norderstedt Germany
Gedruckt auf säurefreiem Papier aus verantwortungsvollen Quellen

Das vorliegende Werk wurde sorgfältig erarbeitet. Dennoch übernehmen Autoren und Verlag für die Richtigkeit von Angaben, Hinweisen, Links und Ratschlägen sowie eventuelle Druckfehler keine Haftung.

Das Buch bei GRIN: https://www.grin.com/document/1519478

Hausarbeit

Studiengang	Gesundheitsmanagement B.A.
Studienmodul	Trainingslehre 1
Termin Lehrveranstaltung (siehe Ergebnisdokumentation)	26.02.2024 – 29.02.2024
Aufgabe	Erstellen Sie für eine Person mit mindestens sechs und weniger als zwölf Monaten aktueller Krafttrainingserfahrung eine Trainingsplanung für das Krafttraining über einen Zeitraum von mindestens sechs Monaten.

1

Inhaltsverzeichnis

1 Aufgabe 1 Diagnose

1.1 Teilaufgabe Allgemeine und Biometrische Daten

Im Zuge der Anamnese findet in der folgenden Tabelle eine Auflistung an relevanten Daten für die zu trainierende Person statt.

Tabelle 1: Allgemeine Daten / Biometrische Parameter / Allgemeiner Gesundheitszustand

Allgemeine Daten	
Alter	28 Jahre
Geschlecht	weiblich
Körpergröße	165 cm
Körpergewicht	57kg
Trainingsmotive	Körperformung → Muskelmasseaufbau / Reduktion und Prävention von Rückenschmerzen / Stressabbau
berufliche Tätigkeit	Pharmazeutisch-technische-Assistentin in der Apotheke (Laborarbeit im Stehen → Herstellung von Medikamenten)
sportliche Aktivität (früher und heute) inklusive Leistungsstufe und Trainingsumfang	früher: Bauch-Beine-Po Kurs für Fortgeschrittene 1x pro Woche 60min Hatha-Yogakurs für Beginner 1x pro Woche 60min heute: seit 6 Monaten Krafttraining in Eigenregie und ohne System im Studio 3x pro Woche für 90 Minuten ≙ Trainingsgeübte laut ILB-Grobraster
zur Verfügung stehende Trainingszeit	3x pro Woche für 90 Minuten
Biometrische Parameter	
Blutdruck (gemessen mit digitalem Blutdruckmessgerät)	122/81 mmHg
Ruhepuls (gemessen per Pulsoximeter)	67 bpm
Muskelmasseanteil (gemessen per BIA)	25% ≙ 14,25kg
Allgemeiner Gesundheitszustand	
sonstige subjektive Beschwerden/Einschränkungen	leichte Verspannungen/Schmerzen im oberen Rücken durch berufliche Tätigkeit → häufiges nach unten schauen beim Herstellen und viel Stehen in der Apotheke allgemeines Gefühl eines hohen Stresslevels
orthopädische/internistische Probleme	keine
Medikamenteneinnahme/ärztl. Behandlung	keine

1.1.1 Bewertung

Die Klientin wird nach dem ILB-Grobraster aufgrund ihrer 6-monatigen Krafttrainingser-fahrung und ihren früheren sportlichen Aktivitäten als Trainingsgeübte eingestuft. Sie selbst sieht sich als Freizeitsportlerin die etwas für ihre Gesundheit tun möchte. Ihr Blut-druck liegt mit 122/81 mmHg nur knapp über dem als optimal geltenden Wert von 120/80 mmHg und unter 130/85 mmHg. Damit liegt der Blutdruck laut der Blutdruckklassifika-tion der American Heart Associaton (modifiziert nach Mancia et al., 2013) in den als normal definierten Normbereich. Ihre Muskelmasse mit 14,25kg entspricht, laut Muskel-masseindex für die Muskelmasse von Frauen in Abhängigkeit ihrer Körpergröße nach Heinen und Prof. Dr. med. Heinen (o.J.) ebenfalls den Normwerten eines normalen Mus-kelmasseanteils von 8,4kg-18,8kg bei einer Größe von 165cm. Ebenso befindet sich der Ruhepulswert mit 67 bpm nach Prof. Dr. med. Meinertz, deutsche Herzstiftung (2024) im Normalbereich von 60-80 bpm. Ihre berufliche Tätigkeit, welche mit einer starken Belas-tung des Rücken- und Schulter- Nackenbereiches einhergeht, erfordert eine Stärkung der Muskulatur speziell in diesem Bereich, damit eine starke, aufrechte Haltung für die Zu-kunft gewährleistet werden kann. Da die Klientin weder Medikamente einnimmt, noch in ärztlicher Behandlung ist, auch sonst keine weiteren orthopädischen oder internistischen Probleme besitzt und die im Voraus aufgeführten biometrischen und allgemeinen Daten den Normwerten entsprechen, ist sie als allgemein gesund, belastbar und uneingeschränkt zu trainieren zu betrachten.

1.2 Teilaufgabe 2 Krafttestung

1.2.1 Testverfahren und Begründung

Für die Klientin wird ein Mehrwiederholungskrafttest (X-RM-Test = X-repetition-maxi-mum) als Verfahren für einen gerätegestützten Krafttest gewählt. Dieser ist für sie als Trainingsgeübte zumutbar, da sie eine 6-monatige Krafttrainingsvorerfahrung besitzt, schon früher Sport betrieben hat und gesundheitlich uneingeschränkt ist. Der X-RM-Test ist wesentlich leichter durchzuführen als ein Maximalkrafttest (1-RM-Test = one-repeti-tion-maximum), da mit weniger Testgewichten gearbeitet wird und somit das Verlet-zungsrisiko durch geringere mechanische Belastung sinkt. Da die Klientin keine Vorer-fahrungen mit maximalen Belastungen des Bewegungsapparates hat, welche beim Maxi-malkrafttest auftreten, ist die Wahl des X-RM-Test schlüssig. Ziel ist es das maximal zu bewältigende Gewicht für in diesem Fall 20 Wiederholungen in verschiedenen Übungen und verschiedenen Testsätzen herauszufinden, damit eine genaue Ableitung von Trainingsintensitäten für den Trainingsplan erfolgen kann.

1.2.2 Erläuterung des Testablaufes

Die Krafttestung wird anhand eines standardisierten Verfahrens nach Eifler (2017, S. 104-105), welches allein für den Fitness- und Gesundheitssport entwickelt wurde, durchgeführt. Zuerst wärmt sich die Klientin allgemein fünf Minuten auf dem Crosstrainer auf. Dies dient der psychischen und physischen Vorbereitung des Körpers auf die bevorstehende Belastung. Dadurch erfolgt eine Erhöhung der Körperkerntemperatur und die Mobilisation des Herz-Kreislauf-Systems. Beide Effekte gehen mit einer erhöhten Durchblutung der Muskulatur einher, sodass diese mit genügend Sauerstoff und Nährstoffen versorgt ist. Im Anschluss erfolgt ein spezifisches Aufwärmen der im Krafttest angesteuerten Muskeln, da diese durch das allgemeine Aufwärmen noch nicht ausreichend erwärmt wurden. Hierfür absolviert die Klientin jeweils einen spezifischen Aufwärmsatz mit 50% der im ersten Testsatz aufgelegten Gewichtslast mit jeweils 10 Wiederholungen an der Beinpresse, Latzug zum Nacken und dem reverse Butterfly. Anschließend beginnt der Test es werden maximal 3 Testsätze pro Übung nach dem trial and error Prinzip mit je 20 Wiederholungen absolviert. Dabei schätzt der Trainer sowohl das Einstiegsgewicht, als auch die Intensitätssteigerung ab. Die Wiederholungszahl und die Übungen wurden bewusst ausgewählt, da der Fokus später auf dem Rückentraining liegt und der 1. Mesozyklus in Form eines Kraftausdauertrainings gestaltet wird. Zwischen den Sätzen werden 3 Minuten Pausen gemacht. Als Zeichen für die Ausbelastung gelten primär die technisch ungenaue Ausführung, Differenzen vom Bewegungstempo und sekundär das Muskelversagen.

Tabelle 2: Krafttestung nach dem 20-RM-Testverfahren

Übung	Wdh.	1.Testsatz (kg)	2.Testsatz (kg)	3.Testsatz (kg)	Ergebnis (kg)
Latzug zum Nacken sitzend	20	10	12	-	12
reverse Butterfly sitzend	20	10	13	15	15
Beinpresse sitzend	20	50	55	60	60

1.2.3 Schlussfolgerungen und Konsequenzen für die weitere Trainingssteuerung und Trainingsplanung

Im Hinblick auf den interindividuellen Leistungsvergleich lassen sich aus dem X-RM-Test keine Vergleiche ziehen, da allgemeine Norm- und Referenzwerte fehlen und viele Einfluss- und Störfaktoren, wie z.b. Tagesform der Person, Ernährung oder Uhrzeit, auf das maximal zu bewegende Gewicht einwirken. Beim intraindividuellen Leistungsvergleichs können Rückschlüsse auf die Entwicklung der Trainierenden gezogen werden, sofern eine Dokumentation und regelmäßige Re-Tests bei gleichen standardisierten Testrahmenbedingungen, wie Methodik und Ablauf erfolgen. Bestenfalls sollte man anhand der dokumentierten Daten der Trainierenden eine progressive Steigerung der X-RM-Werte von Mesozyklus zu Mesozyklus feststellen können. Grundsätzlich bildet der X-RM-Test eine gute Möglichkeit zur Dokumentation der Entwicklung der Klientin. Aus dem X-RM-Test lassen sich die Trainingsintensitäten für die weitere Trainingsplanung, mithilfe der Individuellen-Leistungsbild-Methode, ableiten. Der Trainer kann nun anhand der Testergebnisse einen genauen Trainingsplan mit den richtigen, auf die Person zugeschnittenen Trainingsintensitäten nach der ILB-Methode und mithilfe des Grobrasters anfertigen, da der Trainer für die verschiedenen Übungen das maximal bewältig bare Gewicht kennt. Die Vorgehensweise der ILB-Methode wird im Gliederungspunkt 3 genauer erläutert. Aus den hier aufgeführten Werten in Tabelle 2 kann man schlussfolgern, dass der Rückenbereich der Klientin ein hohes Potenzial an Trainierbarkeit aufweist und somit auch den Rückenschmerzen, durch Muskelmasseaufbau und der damit einhergehenden Haltungsverbesserung, entgegengesteuert werden kann.

2 Aufgabe 2 Zielsetzung und Prognose

Tabelle 3: Ableitung von Zielen

Inhalt	Ausmaß	Zeit
Reduktion von Nacken- und Schulter-schmerzen	Schmerzskala: 1 ≙ kein Schmerz - 10 ≙ extremer Schmerz von einer subjektiven 7 auf eine subjektive 4	6 Monate
Gewichtslast beim Latzug zum Nacken steigern	von 12kg X-RM auf 17kg X-RM schaffen	6 Monate
Körperformung durch Muskelauf-bau	2kg Muskelmasse aufbauen von 14,25kg auf 16,25kg bzw. von 25% auf 28,5% Muskelmasse-anteil	6 Monate

2.1 Begründung der Ziele

Aus der Diagnose der Klientin kann geschlussfolgert werden, dass sie eine durchschnittliche Frau entsprechend ihres Alters darstellt, welche keinerlei schwerwiegende gesundheitliche Probleme aufweist. Aus ihren Trainingsmotiven lassen sich folgende Ziele ableiten. Da die Klientin primär Muskelmasse aufbauen möchte und über leichte Verspannungen/Schmerzen im oberen Rücken, aufgrund ihrer stehenden beruflichen Tätigkeit im Labor und ihrem stressigen Alltag berichtet, wird im Trainingsplan ein besonderer Fokus auf das Training des oberen Rückens gelegt, da ohne den gezielten Aufbau von Muskeln, besonders im Bereich des Rückens, keine Verbesserung der berufsbedingten Fehlhaltung und somit der Verspannungen zu erwarten ist. Des Weiteren können die Beschwerden des Schulter- und Nackenbereichs auch durch den chronischen Stress im Alltag hervorgerufen werden, weshalb es sinnvoll ist diesem Stress durch eine Krafttrainingsroutine entgegen zu wirken. Der Wunsch nach einem geformten Körper kann durch den Aufbau von Muskelmasse erreicht werden, da der Körper beim Krafttraining durch Hypertrophie der Muskeln insgesamt gestrafft und definiert werden kann. Somit sind der Muskelmasseaufbau von 2kg, die Reduktion der Schmerzen von 7 auf 4 und die Gewichtssteigerung des Latzugs von 12 kg X-RM auf 17 kg X-RM realistische und umsetzbare Ziele für eine Frau mit ihren gesundheitlichen Konditionen, ihrer körperlichen Konstitution und einem Zeitraum von 6 Monaten. Die Ziele sind insgesamt logisch, bedingen sich gegenseitig und spielen ineinander, da besonders das Ziel der Latzuggewichtssteigerung den Muskelaufbau am Rücken und die Reduktion der Schmerzen impliziert.

3 Aufgabe 3 Trainingsplanung Makrozyklus

3.1 Makrozyklusplanung

Tabelle 4: langfristige Makrozyklusplanung für eine fortgeschrittene Freizeitsportlerin mit linearer Periodisierung und dem Ziel des Muskelaufbaus nach der ILB-Methode

	umfangsorientiertes Krafttraining	intensitätsorientieres Krafttraining		
	Mesozyklus 1	Mesozyklus 2	Mesozyklus 3	Mesozyklus 4
Mesozyklusdauer	4 Wochen	8 Wochen	8 Wochen	4 Wochen
Trainingsziel	Kraftausdauer	Muskelaufbautraining (extensiv)	Muskelaufbautraining (intensiv)	Maximalkrafttraining (extensiv)
Organisation	GK/Station	GK/Station	GK/Station	GK/Station
Einheiten/Woche	3	3	3	3
Übungen/Muskelgruppe	2	2	2	2
Sätze/Übung	2	2	2	2
Wiederholungen	20	10	8	5
Satzpausen	60 Sek.	60 Sek.	60 Sek.	90 Sek.
Intensität	60-80%	60-80%	60-80%	60-80%
Bewegungstempo	langsam	langsam	langsam-zügig	schnell

3.2 Begründung der Makrozyklusplanung

Die Individuelle-Leistungsbildmethode wurde hier als Krafttrainingsmethode ausgewählt, da sie eine gute Möglichkeit der progressiven Belastungssteigerung auf Basis der X-RM-Referenzwerte abbildet (Eifler, 2000, 2013; Zimmer, 1999) und die Klientin eine ausreichende sportliche Vorerfahrung, sowie keinerlei gesundheitliche Einschränkungen mit sich bringt. Als Organisationsform wurde das Ganzkörpertraining an Stationen gewählt, da die Klientin lediglich 3x pro Woche Zeit findet und ein Ganzkörpertraining somit den zeitsparenderen Ansatz, im Gegensatz zum Splittraining, darstellt. Da sie seit

6 Monaten unstrukturiert in Eigenregie Krafttraining betreibt und sich laut Anamnesegespräch noch nicht sicher mit freien Gewichten bzw. am Kabelturm fühlt, wurde das Stationstraining eingeplant, da die Bewegungsausführungen deutlich einfacher zu erlernen sind und weniger Verletzungsrisiken mit sich bringen. Aufgrund der aktuellen Leistungsstufe als „Geübte" orientieren sich die Belastungsparameter d.h. Sätze/Übung, Übungen/Muskelgruppe, Einheiten/Woche und Intensität entsprechend an den Vorgaben des ILB-Grobrasters (modifiziert nach BSA/DHfPG 2023). Die Makrozyklusplanung ist mit ¼ umfangsorientierten- und ¾ intensitätsorientierten Krafttraining so aufgebaut, dass sie dem Leistungslevel eines fortgeschrittenen Freizeitsportlers gerecht wird. Da die Klientin weder eindeutig als Anfängerin noch Fortgeschrittene zählt und ihr Fokus auf dem Muskelaufbau liegt, findet dadurch ein Ausgleich zum vergleichsweise einfachen maschinellen Training statt. Andere Klienten könnten mit einer 6-monatigen Erfahrung auch schon an den Seilzug oder mit freien Gewichten trainieren. Die lineare Periodisierung ist eine sehr übersichtliche, gut nachvollziehbare und einfach umsetzbare Periodisierung für einen Trainingsplan, da von Mesozykus zu Mesozyklus eine progressive Steigerung der Gewichte bei Abnahme der Wiederholungen umgesetzt wird (Fröhlich, Müller,Schmidtbleicher & Emrich, 2009). Im Hinblick auf das Ziel des Muskelaufbaus ist die Periodisierung stimmig, da zunächst durch die 4 Wochen Kraftausdauertraining eine Grundlage an Muskelmasse für das bevorstehende Hypertrophietraining vorbereitet und der Körper auf ein einheitliches Level gebracht wird. Außerdem bewirkt das Kraftausdauertraining, dass die Muskeln resistenter gegen Ermüdungserscheinungen beim Krafttraining werden. Denn ein Kraftausdauertraining geht mit den positiven Effekten einer erhöhten Kapillarisierung und Verbesserung der Säuretoleranz der Muskulatur einher. (Buchbauer, 2003) Die 2 sich anschließenden Mesozyklen mit jeweils 8 Wochen Hypertrophietraining (extensiv und intensiv) bilden den Hauptteil des Makrozykluses und gewährleisten ein garantiertes Muskelwachstum, da dort mit überschwelligem Trainingsreiz und reduzierten Wiederholungen die Kraf trainiert wird. Dies bereitet den Körper auf die letzte Phase, das Maximalkrafttraining, vor. Die 4 Wochen Maximalkrafttraining zielen direkt darauf ab durch wenige, schnelle Wiederholungen und hohe Gewichte das Maximum an Leistungsfähigkeit zu erreichen und die Muskeln intensiv zu reizen (Prinzip des überschwelligen trainingswirksamen Reizes). Dadurch werden am Ende des Makrozyklus die besten Ergebnisse in Form von Hypertrophie und Kraftsteigerung sichtbar, spürbar und die in Punkt 2 definierten Ziele können erreicht werden.

4 Aufgabe 4 Trainingsplanung Mesozyklus

4.1 Mesozyklusplanung

Tabelle 5: Mesozyklusplanung Woche 1-4

Zyklusdauer	4 Wochen			
spezifisches Trainingsziel	Steigerung der Kraftausdauer um einheitliche und gute Trainingsvoraussetzungen für den Muskelaufbau zu schaffen			
Einheiten/Woche	3x			
Organisationsform	Ganzkörper/Stationstraining			
Übungen/Muskel	1-2			
Sätze/Übungen	2			
Satzpausen	60 Sekunden			
Wiederholungen	20			
Bewegungstempo	TUT 2/0/2			
Übungen	Intensität 60%(ILB) Woche 1	Intensität 65%(ILB) Woche 2	Intensität (70% ILB) Woche 3	Intensität (80% ILB) Woche 4
Latzug zum Nacken sitzend an der Maschine sitzend	7,5kg	8kg	8,5kg	9,5kg
Butterfly reverse an der Maschine sitzend	9kg	10kg	10,5kg	12kg
Butterfly an der Maschine sitzend	9kg	10kg	10,5kg	12kg
Rückenstrecker an der Maschine sitzend	10kg	11,5kg	12,5kg	14,5kg

Bauchpresse (Crunch Maschine) sitzend	3kg	3,25kg	3,5kg	4kg
Beinpresse sitzend	36kg	39kg	42kg	48kg
Hüftadduktion an der Maschine sitzend	26kg	28kg	30kg	35kg
Hüftabduktion an der Maschine sitzend	28kg	30kg	32kg	37kg

4.2 Begründung der Mesozyklusplanung

Die Makrozyklus- und Mesozyklusplanung orientiert sich an den zusammengefassten 7 übergeordneten Prinzipien der Trainingslehre nach Eisenhut und Zintl (2013, 16 ff.) auf Basis des Superkompensationsmodells. Diese umfassen als Kriterien für ein erfolgreiches Training mit biologischen Anpassungsprozessen den trainingswirksamen Reiz, die progressive Belastungssteuerung, die Variation der Belastung, eine optimale Relation zwischen Belastung und Erholung, Dauerhaftigkeit und Kontinuität des Trainings, Periodisierung und Zyklisierung und das Prinzip der Individualität und Altersgemäßheit. Alle Kriterien werden durch diese Trainingsplanung einbezogen und umgesetzt.

In die ersten 4 Wochen trainiert die Klientin umfangsorientiert die Kraftausdauer, da sie als Trainingsgeübte weder als kompletter Beginner noch als Fortgeschrittene zählt und eine 6-monatige Krafttrainingsvorerfahrung besteht. Mithilfe des Kraftausdauertrainings können einheitliche Voraussetzungen der Muskelgruppen in Vorbereitung auf das anstehende effektive Muskelaufbautraining in Form des Hypertrophie- und Maximalkrafttrainingtraining geschaffen werden, denn das Kraftausdauertraining geht mit den Effekten einer verbesserten Säuretoleranz und Regenrationsfähigkeit der Muskeln einher. Dadurch werden die Muskeln leistungsfähiger und es können neue überschwellige Belastungsreize im anschließenden Muskelaufbautraining gesetzt werden, welche dann mit einer körperlichen Leistungssteigerung einhergehen (Grosser, Brüggemann & Zintl, 1986, S. 46). Es werden 1-2 Übungen pro Muskel mit jeweils 20 Wiederholungen, 2 Sätzen und insgesamt 3 Einheiten pro Woche (Montag, Mittwoch, Freitag) durchgeführt. Dabei beträgt das Bewegungstempo einer Ausführung eine Zeit unter Spannung von TUT 2/0/2 (2Sek. exzentrische Phase, 0 Sek. am Umkehrpunkt, 2 Sek. konzentrische Phase). Satzpausen von 60 Sekunden werden eingehalten. Mit jeder neuen Woche beginnt ein neuer Mikrozyklus

11

und das Gewicht wird progressiv, entsprechend ihrer Leistungsstufe 60%-80% ILB, gesteigert um einen Anpassungseffekt der Muskulatur zu erreichen. Die Gewichte wurden so gerundet, sodass sie an den Maschinen realisierbar sind. Es wird gezielt und chronologisch vom Oberkörper abwärts der Reihe nach trainiert. Außerdem wird darauf geachtet, dass Agonist und Antagonist trainiert werden, genügend Zeit für die Erholung der Muskulatur gegeben ist, viele Wiederholungen bei moderatem Gewicht und langsamen Bewegungstempo ausgeführt werden. So kann effektiv die Kraftausdauer trainiert werden. Der Schwerpunkt des Trainings liegt auf einem Ganzkörper Stations- bzw. Maschinentraining, da die Klientin im Anamnesegespräch anmerkte, dass sie unstrukturiert und unsicher an den Geräten trainiert und sich noch nicht sicher am Seilzug bzw. im Freihantelbereich fühlt. Da sie nicht zu den Fortgeschrittenen zählt und wöchentlich nicht übermäßig viel Zeit für ihr Training aufbringen kann, eignet sich das Ganzkörperstationstraining sehr gut für sie. Das Ganzkörpertraining an Maschinen ist zeitlich sehr effizient, gut strukturierbar und bietet die Möglichkeit Bewegungsausführungen leicht, sicher und schnell zu erlernen. Außerdem ist durch die vorgegebenen Bewegungsausführungen die Verletzungsgefahr deutlich geringer im Gegensatz zum Freihantel- oder Seilzugtraining. Im Trainingsplan dominieren eingelenkige Übungen, damit gezielt einzelne Muskeln trainiert werden und die Klientin ein sicheres Gefühl bekommt. Des Weiteren sind mit dem Latzug und der Beinpresse auch mehrgelenkige Übungen integriert, um die Motivation und den Schwierigkeitsgrad anzuheben. Mehrgelenkige Übungen haben den Vorteil, dass sie die intermuskuläre Koordination steigern und alltagsnahe Bewegungen nachahmen. Da die Bewegungen des Latzugs und der Beinpresse selten in ihrem im Alltag durchgeführt werden, aber enorm wichtig für die Haltung sind, wurden diese in den Trainingsplan integriert. Im Anschluss an das allgemeine und spezielle Aufwärmen startet das Training. Der Fokus des Trainings und der Übungen 1-5 liegen auf dem Oberkörper, speziell dem Rücken, da die Klientin über Verspannungen und Schmerzen durch ihre berufliche Fehlhaltung klagte. Durch diese Übungen werden gezielt Rücken-Schulter und Rumpfmuskultur zur Stabilisation des Rückens und der aufrechten Haltung trainiert. Bereits in mehreren Studien konnte der Zusammenhang zwischen präventivem Krafttraining des Rückens zur Vorbeugung und Behandlung von Rückenschmerzen gesichert werden. Beispielsweise trainiert der Latzug zum Nacken den oberen Rückenbereich. Insbesondere die Muskeln M. latissiumus dorsi (Schürzenbindermuskel), M. rhomboidei (Rautenmuskeln) und den M. trapezius (Kapuzenmuskel). Der reverse Butterfly trainiert den M. trapezius und den M.deltoideus pars spinalis (Deltamuskel). Im Gegenzug dazu trainiert der Butterfly den Antagonisten M. pectoralis major (großer Brustmuskel). Der Rückenstrecker trainiert den unteren Rücken besonders M. erector spinae (Rückenstrecker, autochthone Rückenmuskulatur) M. multifidus (vielgefiederter Muskel) und der M. quadratus lumborum (Viereckiger Lendenmuskel). Anschließend werden durch die Bauchpresse der M. rectus abdominis (gerader Bauchmuskel), M. pyramidalis (Pyramidenmuskel) und unterstützend der M. obliquus abdominis (schräger Bauchmuskel) trainiert. Die Rumpfmuskulatur trägt enorm zur Stabilisierung des unteren Rückens bei, weshalb es für die Klientin wichtig ist diese zu trainieren (zusammenfassend Denner, 1988). Alle Oberkörperübungen, dienen der Aufrichtung bzw. Stabilisierung des Rückens. Da ein Ganzkörpertraining den Unterkörper nicht vernachlässigen darf und die Muskeln der unteren Extremitäten einen immensen Einfluss auf die Stabilität und Haltung haben, schließt sich die Übung Beinpresse, welche den M. quadriceps femoris (Unterschenkelstrecker), den M. gluteus maximus (großer Gesäßmuskel), die sekundär die ischiocruralen Muskeln (hinterer Oberschenkel), und den M. tibialis anterior (vorderer Schienbeinmuskel) trainiert (Martín-Fuentes, Oliva-Lozano & Muyor, 2020, S. 4626). Die Hüftadduktion trainiert die komplette Oberschenkeladduktorengruppe (Oberschenkelinnenseite). Antagonistisch dazu traniert die Hüftabduktion primär den M. gluteus medius (mittlerer Gesäßmuskel) und den M. tensor fasciae latae (Oberschenkelbindenspanner). Letztlich erfolgt ein 10-Minuten Cool-Down (Auslaufen und Dehnen) um die Regenrationszeit zu minimieren. In Kombintion decken diese Übungen ein komplettes Ganzkörpertraining mit dem besonderem Fokus auf den Oberkörper, spezifisch den Rücken ab. Das Ziel der Gewichtssteigerung von 12 kg X-RM auf 17 kg X-RM am Latzug wird durch das intensive Training am Latzug sowie den Butterfly-Varianten realisiert. Die Klientin profitiert nach 6 Monaten Training von einem gestärkten Rücken, welcher die Fehlhaltung auf Arbeit besser kompensieren kann. Durch die Adaptionsprozesse der Muskeln am ganzen Körper sollte ein Muskelmassezuwachs von 2kg und die damit einhergehende Körperformung nach 6 Monaten sichtbar und messbar sein.

5   Aufgabe 5 Literaturrecherche

In den folgenden Tabellen werden zwei Literaturrecherchen zum Thema „Effekte des Krafttrainings bei Fettstoffwechselstörungen" durchgeführt.

5.1 Studie 1

Tabelle 6: Effect of resistance training on muscular strength and indicators of abdominal adiposity, metabolic risk, and inflammation in postmenopausal women: controlled and randomized clinical trial of efficacy of training volume

Autoren	Nunes, P. R . et al.
Publikationsjahr	2016
Forschungsfrage	Welchen Einfluss hat der Umfang des Krafttrainings (=RT) auf die Indikatoren für abdominale Adipositas, **metabolisches Risiko**, die Muskelkraft und Entzündungen bei postmenopausalen Frauen (PW)?
Versuchspersonen	32 freiwillige postmenopausale Frauen mit Übergewicht, Fettanteil (F%), einen großen Taillenumfang (WC), einen hohen Taillen-Hüft-Quotienten (WHR), Grenzwerte des glykierten Hämoglobins (HbA1c%) und **Hypercholesterinämie**.
Versuchsaufbau	Kontrollierte und randomisierte klinische Studie zur Wirksamkeit des Trainingsvolumens. Es erfolgte eine zufällige Separierung der Frauen in 3 Gruppen: Kontrolle (CT, kein Training, n = 11), RT mit geringem Volumen (LV, drei Sätze/Übung, n = 10) und RT mit hohem Volumen (HV, sechs Sätze/Übung, n = 11). Über 16 Wochen betrieben die LV- und HV- Gruppen 3x pro Woche 8 Übungen mit 70% einer maximalen Wiederholung.
Ergebnisse	Die Ausgangswerte aller beobachteten Parameter wiesen zu Beginn der Studie in allen 3 Gruppen keine Unterschiede auf. Nach dem RT wurde in beiden trainierten Gruppen (HV, LV) ein ähnlicher Anstieg der Muskelkraft und eine **Verringerung des F%** gegenüber dem Ausgangswert festgestellt. Bei den HV wurde ein Rückgang vom **Gesamtcholesterin, LDL-c, WC und WHR festgestellt**. Im Vergleich zu den CT zeigte sich bei den HV eine geringere Veränderung (delta%) von Interleukin-6 (IL-6). In der LV-Gruppe sank der HbA1c%. Positive Korrelationen (delta%) zwischen WHR und IL-6 sowie zwischen IL-6 und TC wurden verzeichnet.
Schlussfolgerungen	Aus den Ergebnissen lässt sich ableiten, dass ein Krafttraining mit niedrigem Volumen zwar den HbA1c%, den F% und die Muskelkraft verbessert, jedoch aber ein Krafttraining mit hohem Volumen unabdingbar ist, um die Indikatoren der abdominalen Adipositas und **des Fettstoffwechsels** zu verbessern, sowie das Ansteigen von IL-6 in PW zu unterbinden.

5.2 Studie 2

Tabelle 7: Effect of resistance training and hypocaloric diets with different protein content on body composition and lipid profile in hypercholesterolemic obese women

Autoren	García-Unciti, M. et al.
Publikationsjahr	2012
Forschungsfrage	Welchen Einfluss hat Widerstandstraining (RT) in Kombination mit hypokalorischen Diäten mit unterschiedlichem Proteingehalt auf die Körperzusammensetzung und das Lipidprofil bei adipösen Frauen mit Hypercholesterinämie?
Versuchspersonen	25 sitzende, fettleibige (BMI: 30-40 kg/m²) Frauen im Alter von 40-60 Jahren mit Hypercholesterinämie
Versuchsaufbau	Die Frauen wurden in einer vierarmigen Studie 2x2 (Ernährung x Bewegung) aufgeteilt. Die 16-wöchige retrospektive Studie ging aus einer randomisierten, kontrollierten Interventionsstudie hervor. Die Diäten hatten die gleiche Kalorienbeschränkung (-500 kcal/Tag) lediglich der Proteingehalt wurde unterteilt: niedriger Proteingehalt (< 22% der täglichen Energiezufuhr, LP) vs. hoher Proteingehalt (> 22% der täglichen Energiezufuhr, HP). Dazu durchliefen alle Frauen, neben ihren gewohnten Aktivitäten (Kontrolle), ein 16-wöchiges überwachtes Ganzkörper-Widerstandstrainingsprogramm (RT) mit 2 Sitzungen/Woche.
Ergebnisse	Eine signifikante Reduktion des Gewichts und des Taillenumfangs wurde in allen Gruppen festgestellt. Lediglich in der LP-Diät x RT-Programm-Gruppe konnte ein signifikanter Rückgang der LDL-C- und Gesamt-Cholesterinwerte verzeichnet werden, wobei das RT den größten Einfluss hatte. Interaktionen zwischen Ernährung und Bewegung schlugen sich in den LDL-C-Werten nieder.
Schlussfolgerungen	Aus der Studie kann geschlussfolgert werden, dass ein Widerstandtraining eine zentrale Rolle zur Verbesserung des LDL-C und des Gesamt-Cholesterins einnimmt, aber eine größere Senkung des LDL-C durch eine reduzierte Proteinaufnahme (< 22 % der täglichen Energiezufuhr in Form von Proteinen) hervorgerufen wird.

6 Literaturverzeichnis

Buchbauer, J. (2003). *Krafttraining mit Seilzug- und Fitnessgeräten. Die effektivsten Übungen unter Berücksichtigung sportartspezifischer Techniken* (Taschenbuch) Schondorf: Hofmann.

Denner, A. (1998). *Analyse und Training der wirbelsäulenstabilisierenden Muskulatur.* Berlin: Springer.

Eifler, C. (2000). Krafttraining nach der ILB-Methode – *Eine empirische Überprüfung der Trainingseffekte bei Anfängern und Fortgeschrittenen.* Diplomarbeit. Universität des Saarlandes, Saarbrücken.

Eifler, C. (2013). *Empirische Überprüfung der Effekte verschiedener Ansätze zur Intensitätssteuerung im fitnessorientierten Krafttraining.* Dissertation. Universität des Saarlandes, Saarbrücken.

Eifler, C. (2023). *Studienbrief Trainingslehre I – Tab. 33 Grobraster zur Trainingsplanung nach der ILB-Methode* (rev. 30.052.000). Saarbrücken: Deutsche Hochschule für Prävention und Gesundheitsmanagement.

Eifler, C.(2017). *Intensitätssteuerung im fitnessorientierten Krafttraining: Eine empirische Studie.* Universität des Saarlandes, Saarbrücken.

Eisenhut, A. & Zintl, F. (2013). Ausdauertraining. Grundlagen, Methoden, Trainingssteuerung (Sportwissen, 8. Aufl.). München: BLV.

Fröhlich, M., Müller, T., Schmidtbleicher, D. & Emrich, E. (2009). Outcome-Effekte verschiedener Periodisierungsmodelle im Krafttraining. *Deutsche Zeitschrift für Sportmedizin*, 60 (10), 307–314.

García-Unciti, M., Martinez, J. A., Izquierdo, M., Gorostiaga, E. M., Grijalba, A., & Ibañez, J. (2012). Effect of resistance training and hypocaloric diets with different protein content on body composition and lipid profile in hypercholesterolemic obese women. *Nutricionhospitalaria*, 27(5),1511–1520. https://doi.org/10.3305/nh.2012.27.5.5921

Grosser, M., Brüggemann, P. & Zintl, F. (1986). *Leistungssteuerung in Training und Wettkampf.* München: BLV.

Heinen, E. Diplom Sportwissenschaftlerin (Univ), Prof. Dr. med. Heinen, E. (o.J.). *Der Muskel-Masse-Index MMI* Zugriff am 07.03.2024. Verfügbar unter https://profheinen.de/koerperzusammensetzung/muskel-masse-index-mmi

Mancia, G., Fagard, R., Narkiewicz, K., Redòn, J., Zanchetti, A., Böhm, M. et al. (2013). 2013 ESH/ESC Guidelines for the management of arterial hypertension. The task force for the management of arterial hypertension of the European Society of Hypertesion (ESH) and of the European Society of Cardiology (ESC). Journal of hypertension, 31 (7), 1281–1357.

Martín-Fuentes, I., Oliva-Lozano, J. M., & Muyor, J. M. (2020). Evaluation of the lower limb muscles' electromyographic activity during the leg press exercise and its variants: a systematic review. International journal of environmental research and public health, 17(13), 4626.

Nunes, P. R., Barcelos, L. C., Oliveira, A. A., Furlanetto Júnior, R., Martins, F. M., Orsatti, C. L., Resende, E. A., & Orsatti, F. L. (2016). Effect of resistance training on muscular strength and indicators of abdominal adiposity, metabolic risk, and inflammation in postmenopausal women: controlled and randomized clinical trial of efficacy of training volume. *Age* *(Dordrecht,* *Netherlands)*, *38*(2), 40. https://doi.org/10.1007/s11357-016-9901-6.

Prof. Dr. med. Meinertz, T. Deutsche Herzstiftung, (2024). *Welcher Puls ist normal?* Zugriff am 07.03.2024. Verfügbar unter https://herzstiftung.de/ihre-herzgesundheit/das-herz/welcher-puls-ist-normal

Zimmer, M. (1999). *Entwicklung und Erprobung eines Mehrwiederholungstests zur Erfassung der Kraftleistung im Fitneß-Training.* Unveröffentlichte Diplomarbeit. Universität des Saarlandes, Saarbrücken.

7 Tabellenverzeichnis

7.1 Tabellenverzeichnis